PORTRAITS POLITIQUES

AU DIX — NEUVIÈME SIÈCLE

11

MANIN

PAR

HIPPOLYTE CASTILLE

Auteur de la Seconde République (1848 à 1852)

AVEC PORTRAIT ET AUTOGRAPHE

Prix : 50 centimes

PARIS

FERDINAND SARTORIUS, ÉDITEUR

9, RUE MAZARINE, 9

1856

Parigi, 20 luglio 1856

Il grande partito nazionale italiano comprende tutti i repubblicani che amano l'Italia più della repubblica, e tutti i realisti che amano l'Italia più d'una dinastia qualsiasi. Fu esso, che, nell'interesse d'Italia, difese Venezia da tutti abbandonata dall'agosto 1848 all'agosto 1849.

Manin

MANIN

Ex-Président de la République de Venise

DANIELE MANIN

PAR

HIPPOLYTE CASTILLE

PARIS

FERDINAND SARTORIUS, ÉDITEUR,
9, RUE MAZARINE, 9

1856

PARIS. — IMPRIMERIE SIMON RAÇON ET COMP., RUE D'ERFURTH, 1.

DANIELE MANIN

« L'homme illustre et modeste qui se nomme Manin eût été le Washington des États-Unis d'Italie,
si l'année 1848 n'eût pas avorté. »

(É. DE GIRARDIN, la *Presse* du 22 mars 1851.)

Vers l'extrémité de la rue Blanche, dans
un petit appartement d'une simplicité presque austère, où l'absence des choses familières
qui sont l'âme du logis trahit le campement
de l'exil, vit un homme dont le nom est l'honneur de l'Italie. Je veux parler de M. Daniele
Manin, l'ancien président de la République
de Venise.

Les visiteurs qu'unissent à M. Daniele Manin
les liens de l'affection en même temps que
ceux de la vie publique ont pu voir une seule
et désolante trace de la vie intime à ce foyer

de passage. C'est un double portrait d'une même personne, un portrait de jeune fille tout à fait à cet âge que Dante nommait le printemps de la vie, *primavera della vita.* Dans l'un des cadres, sa belle et noble tête se détache en un mince profil sur le fond blanc d'un oreiller. On sent que l'ange de la mort plane sur cette tête si jeune. Le reflet blanc de ses ailes couvre ce front virginal, où brillent comme une lueur crépusculaire les dernières clartés de la vie, hélas ! et ses dernières espérances. Les grands yeux abaissés et pleins d'ombres de l'enfant plongent déjà dans le vague de l'immensité. C'est l'heure suprême où l'âme, par un dernier et muet effort, se dégage de sa mortelle enveloppe.

Dans l'autre cadre apparaît le même profil, mais plus mince, plus chargé de teintes funèbres et d'immobilité. L'attitude est la même. Le rideau des paupières couvre avec la même pudeur stoïque la douleur que trahirait le regard. Mais on comprend que l'hôte céleste qui animait cette exquise et pure forme humaine s'est échappé.

Ce double portrait est celui de la fille de M. Manin. Voilà ce qu'a coûté l'exil à cet homme de bien.

Quand je vis ces deux portraits suspendus dans la chambre à coucher de M. Manin, je songeai involontairement au Tintoret peignant sa fille morte, et je compris cette insatiable douleur de père qui ne peut assez se nourrir du souvenir qui fait son désespoir.

En face des portraits sont deux autres cadres : l'un représente la place de Venise assiégée par Haynau et ses Croates, l'autre est une carte d'Italie.

Toute la vie publique et privée de M. Manin est dans ces trois cadres, j'allais dire ces trois témoins de sa vie : sa fille, Venise et l'Italie. Le double aspect de ses sentiments et de ses idées, l'existence de l'homme et celle du citoyen, sont exprimés dans ces seules et saintes images de la maison. Ou plutôt je crois que dans sa pensée l'Italie, Venise et sa fille ne sont qu'une seule et même chose, distincte par les aspects, mais confondue en un seul et ineffable sentiment, où tout ce qu'il y a de bon, de noble, d'élevé dans l'homme, l'amour du citoyen pour sa patrie et du père pour sa famille, s'unissent en un même élan de l'âme.

M. Daniele Manin est le fils d'un avocat distingué, M. Pietro Manin, républicain passionné, qui, par l'énergie de son patriotisme, s'efforça de faire oublier la pusillanimité du dernier doge de Venise, Lodovico Manin. On sait que ce doge, entendant gronder le canon français, s'était mis à pleurer en présence du grand Conseil. Outre l'influence de son père, le jeune Daniele reçut celle d'un autre républicain non moins exalté, M. Francesco Foranisti, son précepteur. Ce dernier était un savant mathématicien. Rien de plus utopiste et de plus hyperbolique que ces naïves natures de savant lorsque l'enthousiasme s'empare de leur imagination.

Ces détails, que j'emprunte à l'excellent ouvrage de M. Anatole de la Forge [1], dut exercer, ce me semble, sur le jeune Da-

[1] *Histoire de la République de Venise sous Manin*, par M. Anatole de la Forge. Paris, Amyot.

niele Manin une influence bien différente de celle qu'en attendaient les deux vieillards. Leur exaltation lui fit comprendre tous les avantages de la modération, et c'est en effet dans cette modération qu'il puise peut-être aujourd'hui ce qui fait sa plus grande force et l'autorité de ses opinions.

Les grandes figures des Gracques, de Savonarole et de Rienzi s'offraient comme des patrons illustres à la pensée du jeune Manin. Il évoquait, dans les rêveuses méditations de son adolescence, ces ombres immortelles et s'identifiait avec elles. Il ne savait pas alors qu'il dût marcher sur leurs traces.

En 1821, il passa ses examens à l'université de Padoue et fut reçu docteur en droit. Or, comme il était né en 1804, il avait alors dix-sept ans. Je ne crois pas qu'on ait jamais vu de docteur en droit de cet âge.

Obligé d'attendre jusqu'à vingt-quatre ans pour entrer dans l'exercice de sa profession, il lui restait sept années, qu'il employa à une traduction du droit romain. Ce travail était à la fois pour lui un moyen d'étude et un moyen

d'existence. Sans fortune, marié, comme beaucoup de personnes qui ont le courage de vivre
selon leur cœur plutôt que selon les coutumes
du monde, avec la femme de son premier
amour, M. Manin, dès l'âge de vingt et un
ans, dût pourvoir aux besoins d'une maison.

Les Vénitiens ont longtemps connu cette
jeune et modeste famille dans un des faubourgs
les plus solitaires de Venise, à Mestre. C'est là
que M. Manin avait fixé sa demeure lorsque
après 1830 il commença d'exercer sa profession d'avocat. Trois amis formaient toute l'in-
timité du jeune ménage : un savant, un artiste et un de ces hommes à qui la nature a
donné une âme d'enfant ou de héros dans une
stature herculéenne. Cette incarnation du dévouement se nommait Francesco Degli Antoni,
le savant Giovanni Minotto et l'artiste Alexan-
dre Zanetti. Ce dernier était beau-frère de
M. Manin.

M. Manin, comme beaucoup d'hommes sé-
dentaires, avait imaginé de se délasser dans
un travail manuel de ses laborieux tra-
vaux d'esprit. Il s'était formé dans une cham-

bre haute de sa maison un petit atelier de menuisier et de tourneur. C'est dans cet atelier que les quatre amis se réunissaient le plus souvent. Là ils causaient librement.

C'est au milieu de ces causeries intimes et des réflexions qu'elles faisaient naître en lui que le futur président de la République de Venise conçut et exprima la pensée de s'emparer de Venise, avec cette espérance que l'exemple de la Vénétie enflammerait la Lombardie entière et gagnerait le reste de la Péninsule.

Ceux qui depuis ont vu un factionnaire autrichien monter la garde à la porte du café Pedrocchi, à Padoue, avec un quartier d'étudiant au bout de sa baïonnette; ceux qui ont appris avec quelle rage le maréchal Radetzki et le général Haynau massacraient et pendaient les vaincus, faisaient fouetter les femmes par leurs soldats, incendiaient les villes et détruisaient les moissons lorsqu'ils étaient obligés de fuir, pourront se faire une idée du courage et des convictions qu'il fallait pour tenter une pareille entreprise. Les Italiens ne se font au-

cune illusion sur la clémence de l'Autriche.
M. Manin et ses amis savaient bien à quoi ils
s'exposaient en entamant une pareille lutte.

Il projetait alors de se rendre maître de
l'arsenal dont il s'est si adroitement, je dirai presque si spirituellement emparé en 1848,
sans effusion de sang

Le jeune agitateur pensa qu'avant de rien
entreprendre il fallait réveiller l'esprit public
à Venise. A l'aide d'une pierre à lithographier
qui fut apportée dans l'atelier, il put, aidé
de ses amis, imprimer des proclamations.
Francesco Degli Antoni les lançait lui-même la
nuit dans la ville.

L'affaire de la société secrète l'*Esperia* et
la mort des infortunés frères Bandiera vint prou-
ver aux quatre amis qu'ils n'étaient pas seuls
à travailler à l'affranchissement de leur patrie.
Mais elle leur montrait en même temps le pé-
ril et le néant des sociétés secrètes.

Le silence s'était fait dans cette Venise autrefois si retentissante. Il est certain que l'aristocratie vénitienne, déchue de sa grandeur
passée, ne pouvait plus être l'espérance du

peuple. Mais la classe moyenne, là comme en
France en 1789, commençait à se dégager
avec ses brillantes qualités, sa science, ses ta-
lents, son patriotisme.

Les vices ne venant qu'après le succès, en
Italie, la classe moyenne en est encore aux
vertus politiques.

Un fait non moins important frappait le
regard observateur de M. Manin. L'Autriche
s'endormait. Elle ne s'apercevait pas de ce
réveil des esprits ; elle seule s'abusait sur la
faiblesse de sa situation. Et, quand les patriotes italiens disaient aux commis de Metternich : « Bientôt nous vous chasserons de
notre pays, » ceux-ci riaient.

Il est certain qu'à cette époque M. Manin
n'avait trouvé ni sa manière ni sa route. Cet
éminent esprit se retournait sur lui-même,
ne rencontrait autour de lui rien qui lui parût conforme à sa pensée politique. Tout
homme de haute intelligence qui se trouvera
dans la situation de M. Manin se verra obligé
de changer la direction de la pensée publique
dans son pays pour agir. Un esprit supérieur

n'est d'aucun parti. Le rayonnement de sa pensée en crée un autour de lui, et il le dirige.

L'Italie, avant la Révolution de 1848, était à peu près partagée en deux grands partis. Les patriotes les plus déterminés ou peut-être les plus aventureux suivaient la bannière de M. Mazzini. Les autres se groupaient autour de M. Gioberti, qui voyait dans le pape le seul régénérateur possible de l'Italie.

Le jeune avocat vénitien sentait bien le côté faible des doctrines de M. Gioberti. Faire de la papauté l'instrument de l'émancipation des peuples, c'était remonter le cours des âges, sinon lutter contre le principe même de la nature des choses.

Il sentait bien aussi que M. Mazzini, malgré son grand esprit et son grand caractère, se laissait trop aller aux entraînements de son génie mystique. Le chef de la *jeune Italie* avait une foi trop absolue dans la vertu génératrice du sang versé et dans l'infaillibilité du martyre. Il offrait trop aisément ses partisans aux immolations de l'Autriche. Cette politique

de sociétés secrètes et de coups de main ré-
pugnait à l'esprit de légalité qui animait le
jeune jurisconsulte. Jaloux de l'honneur de
son pays, sachant combien l'opinion influe
puissamment sur les déterminations de la
diplomatie elle-même, il craignait que le caractère politique de l'Italie en Europe ne se
ressentît de ces coups de main sans cesse re-
naissants, dont les effets mélodramatiques
troublent et indisposent les modérés.

Il serait au moins superflu de développer
en Italie le sentiment esthétique. La religion
du poignard est tout aussi inutile à ensei-
gner dans cette patrie du second Brutus.
Tous les moyens sont bons sans doute, pour
un peuple opprimé, de se débarrasser de l'é-
tranger, mais à la condition que ces moyens
soient réellement bons, et ils ne peuvent être
tels que s'ils sont efficaces.

A l'instar de lord Palmerston créant un
tiers parti entre les wihgs et les tories, et faisant sortir l'oligarchie anglaise de son immobilité, si M. Manin ne conçut pas dès lors
la pensée de former, entre les idées de M. Gio-

berti et celles de M. Mazzini, un parti nou-
veau qui ralliàt tous les éléments nationaux,
il en comprit du moins la nécessité.

Il ne s'agit plus guère aujourd'hui des
idées de M. Gioberti. L'exemple de Pie IX,
son enthousiasme, suivi d'un si prompt recul
qui nécessite aujourd'hui les représentations
de l'Angleterre, de la France et de l'Autriche
elle-même, ont démontré l'incompétence de
la papauté dans l'œuvre de l'émancipation italienne. Mais, en regard des idées républicaines
unitaires de M. Mazzini, il existait en Piémont
un parti politique qui rêvait une *Italie du Nord*
avec un roi de la maison de Savoie. C'est entre ces deux partis restreints dans leurs
moyens et dans leur but que M. Manin s'efforça de rallier le *parti national*.

Nous en exposerons plus loin le programme
et les principes.

A l'époque dont nous parlons, c'est-à-dire
dans les années qui précédèrent le soulèvement
européen de 1848, M. Manin était encore
ignoré de son pays. Un incident lui permit de
se révéler. Il s'agissait de la construction d'un

chemin de fer de Milan à Venise. Cette circonstance, dans tout autre pays et pour tout autre homme, n'eût été d'aucune valeur politique. Mais chez les peuples soumis à un régime qui ferme toute issue aux émanations de la pensée, la politique, comme une maladie constitutionnelle, se répand dans tout le corps social, et il n'est aucun acte extérieur qui n'en affecte la physionomie.

On pourrait nommer M. Manin le Latude de la politique. Donnez-lui un clou, il renversera la Bastille. Laissez-lui seulement la place de poser un pied sur le terrain légal, et il finira par devenir maître de la situation.

Ce n'est certainement pas dans les ressources d'un esprit procédurier que M. Manin puise cette étonnante faculté de déduction, c'est dans un sentiment vrai, profond, de la justice. La force de ce sentiment chez lui crée des trésors de logique et amène la conviction dans l'esprit de ceux qui l'écoutent. Il a cela de commun avec tous les hommes véritablement puissants par leur génie moral, que sa manière résulte entièrement de cette disposition de l'âme.

Manin enfant était ce qu'est Manin homme
et citoyen. Adoré de ses professeurs, il lui arrivait quelquefois de se trouver en désaccord
avec eux à propos d'une injustice commise à
l'égard d'un de ses petits camarades. On avait
beau lui dire : « Ne vous mêlez pas de cette
affaire, qui ne vous regarde point ; » à l'instar
de je ne sais plus quel grand homme de l'an-
tiquité, il répondait : « Toute injustice me
regarde. »

A ce sentiment qui veille en lui comme une
sentinelle toujours sous les armes, M. Manin
joint au plus haut degré (je ne dirai pas le
talent) l'instinct de saisir l'occasion de l'exercer. Il saisit au flair, pour ainsi parler, la
piste de l'iniquité. Et quand il a trouvé sa
voie, avec une égalité d'âme et une patience
infatigable, il la suit jusqu'au bout.

La question du chemin de fer de Venise à
Milan fut pour M. Manin cette piste qu'il
cherchait depuis longtemps. Les proclamations
de l'atelier, comme tout ce qui pouvait res-
sembler à une conspiration, n'étaient pas en
harmonie avec son caractère. Homme du

droit et de la légalité, il lui fallait le grand jour des débats publics.

Il allait trouver cette publicité dans une affaire industrielle, qu'il eut l'art de métamorphoser en question politique.

Deux lignes étaient proposées. L'une, passant par Treviglio, offrait le double avantage de la ligne directe et d'un terrain plat. L'autre, passant par Bergame, moins directe et plus coûteuse, était pourtant appuyée par l'agio, qui trouve souvent son intérêt aux dépens de l'intérêt général. Une société autrichienne existait; M. Manin en suscita une italienne, sollicitant lui-même des souscriptions, qui prenaient ainsi un caractère national. Il eut même l'art d'y attirer un certain nombre d'employés autrichiens, ce qui ne laissa pas de paralyser les manœuvres des banquiers viennois.

La police autrichienne avait espéré semer la discorde entre Venise et Milan; elle put au contraire assister à l'union patriotique de la Lombardie et des provinces vénètes. Les réunions d'actionnaires ressemblaient à des as-

semblées nationales. Manin en était l'âme. Il
y apportait une parole nette, lucide, dénuée
de phraséologie et marquée au coin d'un bon
sens à la Franklin. La police voulut lui fer-
mer la bouche. Devant l'illégalité d'un pareil
ordre, Manin résista, et l'assemblée entière se
leva pour l'appuyer de son assentiment.

Il me serait impossible, sans entrer dans le
détail même de la révolution lombardo-véni-
tienne, de suivre M. Manin parmi les phases
de cette lutte légale, où plus d'une fois il fail-
lit succomber d'épuisement. Tour à tour
orateur et écrivain, il sut faire de toutes les
questions du jour, questions économiques, in-
dustrielles, littéraires, scientifiques, médi-
cales même, des machines de guerre contre
la domination autrichienne. Quand le choléra
envahit Venise, les opinions se divisèrent sur
le caractère du fléau. Les Autrichiens le disaient non contagieux, les Italiens soutenaient
le contraire. M. de Metternich prétendait que,
dans le doute, on devait agir comme s'il n'é-
tait pas contagieux. Manin réfuta cette doctrine de la façon la plus piquante : « Si l'on

plaçait à la tribune un verre d'eau suspect
d'être empoisonné, dans le doute, l'orateur
devrait donc le boire? »

Un malheureux, nommé Padovani, ayant
été enfermé à l'hospice des aliénés pour avoir
insulté le gouvernement autrichien, M. Manin fit des réclamations auprès de l'adminis-
tration et mit le fait au grand jour. Il usa du
même procédé dans une affaire d'enrôlement
forcé exercée contre un étudiant de Rovigo,
Louis Domeneghetti, coupable d'avoir crié :
Vive Pie IX! dans un moment où ce cri était
celui de l'Italie entière.

En dévoilant ainsi les moyens exorbitants
auxquels la politique autrichienne ne dédai-
gnait pas de descendre, M. Manin accumulait
contre elle des trésors d'indignation qui de-
vaient un jour former le total d'une révolution. O'Connel a jeté plus d'éclat, Cobden
s'est adressé à des intérêts matériels qui n'ont
besoin que de comprendre pour agir et ne
plus s'arrêter; tous deux ont eu pour théâtre
ces meetings retentissants que le génie de la
politique anglaise a su rendre compatibles

avec l'ordre; mais ni Cobden, ni O'Connel, ni aucun agitateur, n'ont su pratiquer l'*agitation légale* avec plus d'art que M. Manin.

Le *Rappel* et la *Ligue* ont eu beau jeu dans les plaines de l'Irlande et parmi les vastes ateliers de Manchester. Mais l'agitation légale dans une ville de cent trente mille âmes gardée par la police de Metternich et les soldats de Radetzki, c'est une affaire un peu plus délicate. Le génie pratique de Machiavel, uni à toutes les sobriétés de style et de langage imaginables, un profond sentiment du droit, un sang-froid de toute minute, un dévouements ans bornes, et cette foi intérieure qui soulèverait des montagnes, suffisent à peine à une telle œuvre.

M. Manin possédait la plupart de ces qualités. Il eut en outre, pour auxiliaire, l'assentiment unanime de ses concitoyens, l'estime de ses amis et de ses ennemis, et dans la personne de la signora Manin, sa femme, une muse de la patrie, la muse épouse et mère, la muse domestique, dont les réconfortantes inspirations centuplent le courage de celui qui les reçoit.

Quand le patriotisme va se retremper jusqu'à ces vives et pures sources de la famille, il acquiert une solidité contre laquelle s'émoussent les armes les mieux aiguisées des tyrannies étrangères. En Italie, où les mères donneraient le sang de leurs enfants pour voir l'Autrichien hors de la patrie, où les petits garçons grandissent avec la pensée de chasser l'Allemand, le patriotisme devient affaire de ménage. Il a, pour ainsi dire, sa place parmi les lares du logis.

Je voudrais pouvoir citer ici avec honneur les noms des hommes de cœur qui prêtèrent à M. Manin le concours de leurs efforts, mais il faudrait faire le dénombrement de la Vénétie tout entière, sans distinction de classe. Il faudrait aussi énumérer les plus beaux noms de cette noblesse milanaise, la fleur de l'Italie, et qui sera peut-être un jour pour ces États infortunés ce qu'est à l'Angleterre la noblesse britannique, la base de sa prospérité et le soutien de ses institutions. J'ai eu le plaisir de me former une idée de la noblesse milanaise dans la personne de l'illustre et ex-

cellent marquis Pallavicino, et je me suis cru
transporté au temps où notre vieille chevale-
rie de France faisait l'admiration de l'Europe,
qui voyait naître en elle la grande aurore de la
civilisation.

Non, il est impossible qu'une nation qui
produit incessamment tant de génies de tous
genres, et qui, dans la vie privée ou dans les
affaires publiques, sème à pleines mains des
hommes comme ceux que je viens de citer et
comme tant d'autres qui rempliraient ces pages ; il est impossible dis-je, qu'un tel peuple ne soit pas un jour débarrassé des éléments hétérogènes qui le démoralisent, qu'il
ne soit pas réuni en faisceau national et ne
prenne pas une place distinguée parmi les
grands corps politiques de l'Europe.

Les Manin, les Cattaneo, les Montanelli, les
Garibaldi, les Mazzini, les Victor-Emmanuel,
les Cavour, les Azeglio, et toute cette loyale
phalange sarde dont l'Europe suit d'un œil
charmé la politique aussi prudente que ferme,
prouvent combien l'Autriche a calomnié les
Italiens en s'efforçant d'accréditer en Europe

que ces fils aînés de la race latine étaient incapables de se gouverner.

En parlant de Venise, il est impossible de passer sous silence le nom de M. Tommaseo. M. Tommaseo est le Lamartine de la Vénétie. Poëte, publiciste, orateur, sa plume et sa parole ont puissamment contribué au mouvement politique des provinces lombardo-vénitiennes dans les années qui précédèrent la Révolution de 1848. Le discours qu'il prononça à l'Athénée dans la séance du 30 décembre 1847 est encore présent aux esprits. Sous ce titre purement littéraire : *Discours sur l'état de la littérature en Italie*, il fit la critique la plus éloquente de la censure autrichienne.

Dans les premiers jours de janvier 1848, cette agitation qui depuis bientôt dix ans avait été entretenue avec tant d'art et de prudence, prit un caractère tellement grave que le gouvernement autrichien en comprit le danger. Le directeur général de la police, Call, appela, le 5 janvier, M. Manin à son bureau et le pria d'intervenir afin de calmer l'irritation populaire. M. Manin y consentit à la condition que le gouvernement ferait les concessions demandées.

Le directeur général de la police accepta; mais le gouvernement, dans la personne du comte Palffy, gouverneur, trompa ces espérances de conciliation. Des membres hostiles à toute réforme furent introduits dans la commission chargée de les étudier.

Les avant-coureurs de la révolution commençaient à devenir très-visibles pour des yeux exercés. Un incident, futile en apparence, les dessina plus clairement encore.

On sait que les Milanais et les Vénitiens, à bout de moyens de résistance légale et ne sachant plus comment témoigner leur horreur pour la domination étrangère, avaient imaginé de s'abstenir de fumer, afin de ne pas donner un sou italien à la régie autrichienne. Le 9 janvier, les soldats de Radetzky, par esprit de provocation, se répandirent en fumant dans les rues de Milan et furent hués par les enfants. Il s'ensuivit un massacre.

D'après les calculs du maréchal Radetzky,

trente heures de carnage pouvaient donner trente ans de tranquillité. On conçoit qu'avec de telles doctrines la politique se réduit à tuer le plus pour être le plus tranquille possible.

Entre cette politique et l'agitation légale, tout système de conciliation devient impraticable. M. Manin le comprit, et, voyant toutes ses tentatives pacifiques échouer, il se prépara à se défendre. Désormais on remarqua qu'il conseillait aux jeunes gens de moins négliger la salle d'armes, le tir, la chasse et autres exercices de corps.

Le 18 janvier 1848, M. Manin fut éveillé à six heures du matin par une escouade qui saisit ses papiers et l'emmena à la direction de la police. Il subit un long interrogatoire, et fut conduit, à onze heures du soir, à cette prison monumentale qui a servi de théâtre aux plus sombres pages de l'histoire de Venise.

Le même jour, M. Tommaseo était également arrêté et incarcéré.

Les interrogatoires se succédèrent les jours suivants avec une mise en scène tantôt grotesque, tantôt lugubre, du 29 janvier au 17 février. Le cabinet de Vienne croyait tirer de cette affaire des preuves de crime de haute trahison, ce qui eût conduit à l'échafaud MM. Manin et Tommaseo. Les faits ne se prêtèrent pas à d'aussi graves conclusions.

Les amis de M. Manin entouraient pendant ce temps sa famille des soins les plus dévoués. Quant au prisonnier, il prenait du repos et faisait de la propagande parmi ses geôliers.

De la fenêtre de sa prison, placée à deux mètres au-dessus du sol, M. Manin pouvait, en montant sur une chaise et en se tenant aux barreaux, regarder les gondoliers du quai des Eslavons, le pont de la Paglia, les lagunes et la mer. Ce beau spectacle charmait ses loisirs.

Ce n'était pas une prison ordinaire, mais bien une salle immense, ajourée de fenêtres monumentales dites à guillotine. « Cette pièce voûtée et peinte à fresque, dit M. de la Forge, est l'ancienne salle où siégeait une magistrature criminelle appelée *I Signori di notte al criminale*, nom sinistre comme l'institution même. » M. Manin s'était fait une chambre avec un paravent dans cette vaste salle.

On essaya de lui ôter la vue du quai en peignant extérieurement les vitres du bas de la fenêtre; mais le prisonnier monta plus haut et parvint même à lever la guillotine de la fenêtre. Les petits enfants criaient en passant : *Viva Manin!* Chaque soir, à quatre heures, au lieu d'aller aux théâtres et aux concerts, la population, vêtue de deuil, défilait sur le quai des Esclavons, s'arrêtait sur le pont de la Paglia et saluait en silence le prisonnier. Quand la musique militaire jouait des airs sur la place Saint-Marc, tout à coup la place devenait vide et les musiciens n'avaient plus d'autres auditeurs que les pavés. Les marchands refusaient les bank-notes de Vienne! La ville entière ressemblait à une vision conçue par quelque génie bizarre ou entrevue dans un cauchemar.

Si l'empereur d'Autriche avait pu voir ce tableau, l'épouvante l'eût pris. Partout où quelque chose d'autrichien se montrait, tout ce qu'il y avait là d'italien se retirait comme au contact d'un violent révulsif.

Le cabinet de Vienne mit en état de siége
cette ville de muets et d'immobiles.

Il y eut un jour de répit, le jour où Ferdinand II donna une constitution aux Deux-
Siciles. Le soir, le théâtre de la Fenice fut
gorgé de spectateurs. La *Cerito*, qui dansait
le pas de la *Sicilienne*, trouva sous ses pieds
trois guirlandes qui, réunies, formaient les
couleurs nationales : vert, rouge et blanc. On
la rappela trois fois, elle et ses guirlandes. On
la rappelait une quatrième quand un mot
magique se fit entendre : « *Fuori tutti!* »
(tout le monde dehors), et la salle se trouva
vide. Quelque chose d'autrichien avait sans
doute paru dans la salle. On n'alla plus au
théâtre.

Gozzi n'a rien imaginé de plus fantas-
tique.

Le 29 février, on apprit à Venise la révolution de Paris; celles de Naples, de Toscane et
de Sardaigne étaient déjà connues. Le 5 mars
le conseil déclara M. Manin et les autres accusés
non coupables. Mais Call avait prévu le cas,
et, par une note en date du 19 janvier 1848,

il avait engagé M. Abram, président du tribunal criminel, à ne pas relâcher les prévenus.

Le 15, Venise apprit qu'on s'insurgeait à Vienne. Ce soir-là Venise retourna au théâtre, mais on lui ferma la porte. A défaut de spectacle, le peuple se donna le plaisir d'aller siffler sur la place Saint-Marc la femme du gouverneur Palffy, qui donnait le bras à Marmont. Le 17, on sut que l'orage grossissait à Vienne, et on demanda la liberté des prisonniers. Tandis qu'on parlementait, Giorgio Manin, le jeune fils de M. Manin, à la tête de tous les *bambini* de Venise, alla briser les barreaux de la prison de son père.

M. Manin ne voulut quitter sa prison que sur cette assurance qu'il était légalement délivré. Le tribunal et tous les conseillers réunis sur son passage se hâtèrent de la lui donner. Ils avaient besoin de le voir dehors. Les portes de la prison gémissaient lugubrement sous les coups de la foule.

On le porta en triomphe et on lui fit une ovation sur la place Saint-Marc. Il fut ensuite reconduit à son logis, où l'attendaient, les

larmes aux yeux, sa femme, sa fille, ses amis;
et le peuple chanta sous ses fenêtres :

Viva l'Italia, viva la liberta,
Viva Manin Dio chi la manda !

La ville était sortie de sa léthargie. Les
imaginations flambaient comme de la paille.
La Goldbergs jeta deux drapeaux d'un balcon
des *procuraties*, et un héros populaire, Zanetti Zucchari, le hissa au bout d'un mât sur
la place. Le drapeau italien, sous l'état de
siége, équivalait à une déclaration de guerre.
La troupe y répondit par trois coups de canon
d'alarme.

Les Croates chargèrent; mais le peuple, lui
abandonnant la place Saint-Marc, le harcelait
par ses canaux et ses ruelles. Le vice-roi Ra-
nieri, prince de la maison d'Autriche, se mit
à pleurer et consentit à s'éloigner, demandant
seulement qu'on lui permît de revenir prendre des bains de mer l'été.

Cependant M. Manin conseillait d'organiser
une garde civique, et, sur le refus du gouverneur, l'organisait lui-même. Le gouverne-

ment autrichien la reconnut ensuite officielle-
ment.

Le 21, Manin se décida à s'emparer le lendemain de Venise. Il adopta pour cri de ral-
liement : « Vive Saint-Marc ! » Ses amis, prévenus, ne pouvaient croire à une pareille
entreprise.

— Comment ferez-vous ? lui disait-on.

— Je l'ignore, répondait-il, mais je réus-
sirai.

On lui ôta le commandement de sa compa-
gnie.

Le lendemain, Manin, abandonné de la mu-
nicipalité et du commandant de la garde civique, partit seul avec son jeune fils. Le père
portait une épée et le fils un fusil. Ils allaient
chasser l'Autriche.

Sur la place Saint-Marc, il trouva quelques
amis, parmi lesquels Degli Antoni, et le capitaine Olivo. Un grand nombre de gardes
nationaux se joignirent à lui. Il apprit, chemin faisant, que le colonel Marinovich, qui
commandait l'arsenal, avait été tué par des
émeutiers.

Il voit dans cette circonstance un prétexte
et va droit, suivi de son monde, à l'arsenal. A
la porte il place des sentinelles et leur recom-
mande de ne laisser entrer nulles autres personnes que des gardes civiques. Cette défense
rassure les factionnaires.

La garde civique, à Venise, joua le rôle
équivoque que la garde nationale a tant de fois
joué en France. Sous prétexte de mettre l'ordre, elle servit la Révolution. Cette Révolution
soutenait, à Venise, une juste cause : l'indépendance de la patrie. Elle avait pour chef un
homme honnête. Mais changez les circonstances, le principe reste.

Que les légitimistes se souviennent du 29
juillet 1830 !

Les orléanistes, du 23 février 1848 !

Les républicains, des *bonnets à poil* du
16 mars et de tant d'autres journées ; le caractère de cette institution ne laissera aucun
doute dans leur esprit.

Anx yeux du lieutenant maréchal Martini,
commandant supérieur de la marine, M. Manin, parlant au nom de la garde civique, re-

présentait un élément d'ordre contre lequel il ne croyait pas devoir se mettre en défiance. Peu à peu l'arsenal se remplit de gardes civiques. Le vieux maréchal se laissa arracher successivement une série d'ordres qui lui ôtaient tout moyen d'action et à la suite desquels, en moins de temps qu'il n'en faudrait pour le raconter ici, il se vit prisonnier de l'insurrection, tandis que M. Manin prenait sans effusion de sang possession de l'arsenal.

Dans ces singulières circonstances, l'avocat vénitien fit preuve d'une adresse, d'une présence d'esprit et d'un flegme admirables.

L'arsenal aux mains de la garde civique, les Autrichiens n'avaient plus qu'à se retirer de Venise.

M. Manin remit le commandement de l'arsenal au colonel Graziani, fit rentrer les ouvriers, les réunit à la garde civique et se rendit à la place Saint-Marc.

En arrivant au pont, il jeta ce cri :

« Vive l'Italie ! »

« Vive l'Italie ! » répéta la foule.

Il acclama ensuite Venise et la liberté. Le peuple lui renvoyait comme un écho fidèle chacune de ses paroles. Encouragé par ce succès, il se recueillit un moment et poussa de toute la force de ses poumons le vieux cri historique des lagunes : « Vive la République ! et vive Saint-Marc ! » Venise entière en tressaillit, et cent mille bouches, comme une seule voix qui s'élevait jusqu'au ciel, s'écrièrent : « Vive la République ! vive Saint-Marc ! »

Le peuple fit alors une grande promenade à travers la ville, ayant Manin à sa tête. Arrivé au Rialto, accablé de fatigue, épuisé, le futur dictateur s'échappa et rentra chez lui.

Il prit une plume et écrivit ces mots :

« Vénitiens !

« Je sais que vous m'aimez. Et, au nom de cet amour, je vous demande que, dans la manifestation légitime de votre joie, vous vous comportiez avec la dignité qui convient à des hommes qui méritent d'être libres.

« Votre ami,

« MANIN. »

Et, laissant tomber les bras, il s'écria :

« Maintenant il faut que je dorme ou que je meure ! » Il n'avait pas dormi depuis six jours et six nuits.

Bien que, par l'importance des faits au récit desquels ils donnent lieu, ces portraits prennent quelquefois les allures d'une page d'histoire, nous ne devons pas oublier les exigences du genre. Suivre M. Manin à travers les péripéties de la Révolution de 1848 à Venise, ce serait précisément faire l'histoire d'une république, et non pas esquisser une physionomie politique.

Après l'évacuation des troupes autrichiennes, M. Manin organisa le gouvernement. Les provinces vénètes s'empressèrent d'envoyer leur adhésion à la République, et le lendemain même du triomphe il fallut songer à se défendre.

Dans ces circonstances, M. Manin, devenu président de la République de Venise, déploya les ressources du plus remarquable esprit organisateur. Il forma un comité de défense, créa dix bataillons de garde mobile, métamorphosa en artillerie une jeunesse élégante et oisive, approvisionnna les forts Brondolo, Treporti et Malghera, fit garder les lagunes et répandit l'esprit militaire dans toutes les classes de la population.

Sur le terrain diplomatique, M. Manin ne montra ni moins d'activité ni moins d'intelligence. C'est un spectacle véritablement touchant de voir un simple avocat puiser dans son patriotisme non-seulement l'énergie et la force de pourvoir à la multiplicité des affaires d'un gouvernement où tout est à créer, mais encore l'intuition d'une foule de choses auxquelles il avait été étranger jusqu'alors.

J'ai si souvent parlé du manifeste de M. de Lamartine, qu'il me répugne d'y revenir. Je rappellerai seulement que le principe d'intervention et de propagande armée y étaient nettement impliqués. On a reproché aux Italiens de n'avoir pas profité de cet engagement pris par la France à la face de l'Europe. Ce reproche n'est pas fondé, au moins en ce qui concerne Venise.

Le mot *Italia fara da se* n'a jamais été

articulé sans restriction par le gouvernement vénitien. Les termes dont M. Manin se servit furent ceux-ci : « J'espère que les efforts réunis des différents États de l'Italie et l'ardeur des populations de la Péninsule suffiront pour chasser l'ennemi; mais au besoin on aura certainement recours à l'héroïque générosité de la France. »

Le 8 avril, M. Limpérani, consul général de France à Venise, demanda, au nom du gouvernement vénitien, l'envoi de quelques bâtiments de guerre français dans les eaux de l'Adriatique.

Le 30 mars, M. Manin demanda en outre au Gouvernement provisoire français l'autorisation d'acheter des fusils et des vapeurs de guerre.

Quinze dépêche de M. Limperani à M. de Lamartine insistent sur ces demandes.

Or un navire de guerre fut envoyé au bout de sept mois. Quant aux armes, vingt mille fusils furent commandés et payés à une maison de Paris. Le gouvernement français avait consenti à donner à Venise de vieux fusils et à prendre en échange les fusils neufs qui ne pouvaient être fabriqués assez promptement. Mais les vieux fusils ne se trouvèrent disponibles qu'après l'époque où Venise vaincue ne pouvait plus s'en servir.

M. de Lamartine refusa des secours. Par une combinaison incroyable, il voulait que la Vénétie appartînt à l'Autriche et la Lombardie au Piémont.

Plus tard, les désastres arrivèrent, et M. Bastide, aux demandes de M. Manin, n'eut qu'une réponse : « Il est trop tard. Nous ne pouvons plus être que médiateurs. »

M. Cavaignac se rangea aussi à la médiation, et, par surcroît de précaution, rechercha l'adhésion de l'Autriche, dont lord Normanby lui fit cadeau en payement de son abandon de la Révolution.

Par un des mouvements de bascule si fréquents dans la politique de lord Palmerston, le cabinet anglais n'était pas favorable alors à la cause de l'indépendance de l'Italie.

M. Drouyn de l'Huys, plus Autrichien et plus ennemi de la Révolution que MM. de La-

martine, Bastide et Cavaignac, disait à Venise :
« Ne bougez pas, vous gâteriez tout. »

Pendant ce temps, la coalition des monarchies contre les républiques allait grand train.

M. Manin, luttant contre Lamartine, Bastide, Cavaignac, Drouyn, de Bruck, Palmerston, Haynau et Radetski, contre ses propres compatriotes de Rome, de Toscane, de Sicile, de Piémont, qui l'avaient traité de lâche lorsqu'il proposa de demander du secours à la France, M. Manin, dis-je, fit preuve dans ce tissu d'intrigues d'une sagacité, d'une sagesse et d'un talent dignes d'un diplomate consommé.

Cependant l'Autriche, grâce à la neutralité de l'Angleterre et de la France, était devenue maîtresse du terrain. L'armistice avec le Piémont la mettait en mesure de repousser toute demande de suspension d'armes de la part du gouvernement vénitien. Elle pouvait écraser Venise, la prendre par la famine, sans qu'on la troublât dans ses funèbres exécutions.

Ce fut un drame lamentable dont je ne puis parler sans me sentir l'âme déchirée. C'est un dur spectacle pour l'homme juste de voir le droit opprimé sous la force et de ne pouvoir qu'assister au sacrifice avec un océan de larmes dans le cœur et pour toute arme en main ce ridicule fétu que l'on nomme une plume.

Longtemps, comme un bâtiment échoué sur une côte ennemie, Venise lutta contre l'armée d'Haynau. Manin était le capitaine de ce navire en détresse. Les vieilles diplomaties européennes suivaient, renversées dans leur fauteuil, avec un sourire de mauvais augure, cette lutte inégale. Les peuples, saisis d'horreur et de pitié, contemplaient, penchés vers l'Italie, l'agonie de cette héroïque poignée de citoyens mourant pour la patrie.

Un officier napolitain, le brave général Ulloa, une âme droite et de bonne trempe comme son épée, tenait avec deux mille volontaires le fort de Malghera. Et pendant six semaines Haynau et ses trente mille Croates imbéciles qui se battaient contre l'Italie en haine des Magyars, jeta tout son fer sur cet avant-poste de la ville assiégée.

Ulloa dut se retirer enfin faute de munitions et quand les murailles croulaient sur sa garnison décimée. Il rentra dans Venise, où régnaient le choléra-morbus et la famine. Tout un peuple pâle était là, debout. Chacun avait sacrifié ce qu'il avait. Ceux qui n'avaient rien donnaient leur sang ; les autres donnaient avec leur sang leur or.

Et le peuple nommait son dictateur des mauvais jours *Padre del popolo*, père du peuple. Le père du peuple n'avait pourtant rien donné que son âme. Et sans cesse il avait demandé de nouveaux sacrifices sans que personne se lassât de se sacrifier.

Un jour vint enfin où il fallut amener le pavillon de détresse que Venise agitait depuis dix-huit mois aux yeux de l'Europe. Lorsqu'on eut tiré la dernière charge de poudre, lorsque le dernier morceau de pain noir fut mangé et que les caisses vides ne continrent plus un seul écu, on capitula.

C'était le 24 août 1849. M. Manin s'était

retiré dans sa maison après avoir résigné le
pouvoir entre les mains du conseil municipal.
Tandis qu'il rassemblait quelques papiers
qu'il voulait emporter avec lui, il entendit
dans une petite rue, sous ses fenêtres, des
gens du peuple qui disaient :

« C'est ici que demeure notre père. Il a
bien souffert pour nous. Que Dieu le bé-
nisse ! »

Ce fut la récompense de cette dictature
pleine de souffrances et de périls.

M. Manin s'embarqua le 27 avec quarante
exilés, l'élite de ces jours héroïques. Le 30,
Radetzky arrivait de Milan et s'agenouillait
à Saint-Marc au chant du *Te Deum*, comme
un baron du moyen âge.

Sur cette terre trempée du sang de la chère
patrie, Manin laissait la poussière de sa
femme, compagne de ses jeunes années et de
ses aspirations à l'indépendance de l'Italie. Il
emmenait son jeune fils et sa fille, pauvre
fleur du printemps, pâle comme les premières
primevères, et qui avait tant besoin du grand
soleil de l'Italie... Aujourd'hui elle n'est plus,

et le grand citoyen reste seul avec son fils unique, dans toute la majesté du malheur, de l'exil et de la pauvreté.

Tandis que ce noble proscrit, ne voulant rien devoir qu'à lui-même, donne des leçons d'italien pour vivre, de Vienne à Paris et de Paris à Londres les maltôtiers de finances des bourses européennes traînent un ventre paresseux sur les trottoirs de nos vieilles capitales. Mais, du moins, tant de dévouement n'est pas perdu. L'Italie n'est pas morte, puisqu'elle est tombée comme un soldat sur le champ de bataille, les armes à la main. Toute nation qui proteste par l'épée prouve ainsi son droit d'autonomie et s'affirme elle-même.

Il y a en Italie trois sortes d'États : les États libéraux, les États livrés au despotisme clérical, et ceux qui subissent la domination immédiate de l'Autriche.

On ne saurait se dissimuler que cette situation crée de nombreuses difficultés à la réalisation de l'unité italienne.

Les ennemis de l'Italie ont profité de ce

morcellement pour faire perdre au corps de la nation le sentiment unitaire et centralisateur. Et pour cela ils n'ont eu besoin que de surexciter les amours-propres de clocher et les tendances municipales toujours si vivaces chez les peuples désagrégés. Aujourd'hui ces rivalités existent. Elles sont un des premiers problèmes qu'il s'agira de résoudre si l'Italie recouvre son indépendance.

On ajoute, probablement à l'appui de ce premier fait, que les Italiens sont incapables de se gouverner. Je regarde ceci comme une pure calomnie dans le goût ranci de M. de Metternich, qui, avec une impertinence diplomatique digne des beaux jours de 1815, qualifiait la Péninsule italienne de simple *expression géographique*.

Il y a lieu de se demander pourquoi un peuple qui ne cesse de donner à l'Europe, je ne dis pas des artistes, c'est peut-être un des malheurs de l'Italie, mais des économistes, des philosophes, des historiens, des publicistes, des savants de toute nature; pourquoi, dis-je, un tel peuple ne serait pas aussi capable de gouvernement que les gens de Vienne ou de Pétersbourg?

La Sardaigne et son roi prouvent le néant de ces accusations. Lorsqu'une forte action gouvernementale aura réuni par l'épée ou par le fait des diplomaties le faisceau italien, l'instinct municipal s'effacera devant le sentiment politique de l'État.

Les obstacles de cette nature me paraissent donc plutôt propres à servir d'appoint aux péroraisons des diplomates autrichiens et aux complices du système qu'à former une barrière véritable aux destinées de l'Italie.

L'obstacle réel, c'est la domination autrichienne combinée avec l'influence cléricale.

Il ne faut pas s'imaginer que l'Autriche pèse uniquement sur les États placés sous sa domination immédiate. Cette domination se fait aussi vivement sentir à Naples qu'à Venise, et, d'un bout à l'autre de la Péninsule, l'horreur des populations pour le joug autrichien est le même.

Ces peuples comprennent en effet que l'Autriche par son antique alliance avec la contre-révolution en Europe, par son pacte avec les gouvernements absolus, est le soutien naturel des rois despotiques contre leurs sujets. Et quand les habitants du royaume des Deux-Siciles, par exemple, sentent s'appesantir plus durement sur eux la main de Ferdinand II, c'est bien plutôt au gouvernement de Vienne qu'ils en veulent qu'au Bourbon. Ils savent bien que Ferdinand livré à ses seules forces tomberait en vingt-quatre heures sous le mépris public.

L'alliance de l'Autriche avec le despotisme clérical est un fait non moins évident, non moins grave. Les prétentions de l'Autriche au monopole du protectorat de la catholicité ne datent pas d'aujourd'hui. Il existe à Vienne, à cet égard, des traditions auxquelles le jeune empereur n'a pas su se soustraire. L'affaire des concordats religieux vient récemment encore d'éclore au front de la politique autrichienne comme une pustule qui trahit un mal invétéré.

L'Italie voit tout cela, sent tout cela. Elle porte l'Église dans son sein, elle en connaît le tempérament. Elle sait ce qu'est le prêtre-

gouvernement. Elle n'ignore aucune des fai-
blesses, des terreurs et des rancunes de la
robe. Elle a éprouvé les effets de son zèle et
de ses préjugés. Mais si la robe sent derrière
elle une épée à son service, il est à craindre
qu'elle en abuse. La robe est toujours femme.
Le prêtre a des nerfs. Deux des plus grands
actes virils, la génération et la guerre, lui
sont interdits. Comment le plus viril de tous,
l'acte gouvernemental, peut-il lui être attri-
bué?

La domination autrichienne et le gouvernement clérical, l'absolutisme politique et religieux, Pélion sur Ossa, c'est trop.

Ce n'est pas la critique du catholicisme que
je fais ici. La discussion n'aboutit générale-
ment à rien, et la vraie politique a bien autre
chose à faire qu'a disserter. Le catholicisme
est un grand fait qu'on ne rayera pas d'un
trait de plume. J'ai autrefois, comme toute la
démocratie, partagé beaucoup d'illusions à
cet égard.

Plus je songe aujourd'hui aux destinées de
la race latine, plus il me paraît évident que

toute politique sérieuse chez les peuples de cette race ne peut se séparer de l'Église catholique. Le jour où le catholicisme cessera d'exister, il est probable que la race latine aura vécu. Une politique française, par exemple, qui se séparerait du catholicisme détacherait par ce fait du foyer de sa propre existence un des principaux rayons de la vie. Elle serait antinationale.

Il n'en est pas moins vrai pourtant que la papauté est un embarras pour l'Italie. Elle aussi est un obstacle à l'unité. Le pouvoir temporel du pape est un non-sens au dix-neuvième siècle. Le gouvernement temporel, uni au gouvernement des esprits, est un fait d'essence si opposée au génie civil des civilisations modernes, qu'il ressemble à une dissonance dans l'harmonie européenne. Dans l'état de nos mœurs, nous comprenons que le pape ait un budget, des officiers, des serviteurs et des ouailles, mais non pas des sujets.

Or il ne faut pas que le catholicisme, ce foyer vital de la race latine, devienne dans

son sein un élément morbide. Il faut qu'il
suive les mouvements de la civilisation dans
cette race; qu'il se conforme à son génie;
qu'il l'accompagne, et non pas qu'il lui barre
la route. Il y a dans l'Église des réformes que
réclament l'état des âmes et l'état des codes
européens. Il faut donc que l'Église ne se
sépare pas de la politique, si elle ne veut pas
que la politique se sépare d'elle.

Il ne faut pas surtout que l'Église manque
de charité, qu'elle se mette du parti des vain-
queurs contre les vaincus, des oppresseurs
contre les opprimés. Quand Pie IX bénissait
la République de Venise, quand il secondait
l'essor du mouvement italien en faveur de
l'indépendance, il était dans la vraie politique
de l'Église, celle de la justice et de la charité.
Partout où surgit un droit méconnu dans la
chrétienté, l'Église lui doit protection. A ces
conditions elle peut vivifier la race latine par
le réveil des nationalités et montrer elle-même
combien elle est pleine de force et de vie,
puisque le sentiment chrétien est si énergique
en elle.

Toute autre politique est une politique de sacristie, la pire de toutes.

De Paris, la pensée de M. Manin se reporta, calme, sinon sereine, débarrassée du tumulte gouvernemental, sur les destinées de l'Italie. Ne pouvant plus servir sa patrie de ses actes, il résolut de la servir de ses conseils.

Les circonstances favorisèrent ce projet. La conclusion de la paix et les conférences du congrès de Paris qui servirent à arrêter les bases du traité ont eu cela de bon, qu'elles projettent une grande clarté sur la situation de l'Europe. Si les questions n'ont pas été résolues, elles ont du moins été posées.

Or celle qui se pose de la manière la plus pressante devant les cabinets européens est la question italienne.

M. Manin n'avait pas attendu le dénoûment de la guerre pour donner suite à son projet. Dès le 22 mars 1854 une parole malencontreuse de lord John Russell à la chambre des communes lui donna l'occasion d'entrer en campagne.

On sait à quelle politique d'inertie lord John Russell paraît définitivement se vouer. « Je crois, disait-il, que les Italiens ne pourraient rien faire de plus nuisible au but qu'ils se proposent que de se soulever contre le gouvernement autrichien ; et je crois, au contraire, que, s'ils restent tranquilles, il viendra un temps où ce gouvernement sera plus humain, et donnera plus de priviléges populaires que l'Italie n'en pourrait obtenir par une insurrection [1]. »

Dans une lettre adressée au rédacteur de la *Presse*, M. Manin protesta contre une doctrine qui, sans que lord John Russell parût s'en apercevoir, impliquait, de la part de l'Italie, l'acceptation préalable de la domination autrichienne.

« Nous ne demandons pas à l'Autriche, répondait M. Manin, qu'elle soit humaine et libérale en Italie, ce qui, du reste, lui serait impossible, quand même elle en aurait l'in-

[1] Séance de la chambre des Communes du 22 mars 1854.

tention ; nous lui demandons qu'elle s'en aille. Nous n'avons que faire de son humanité et de son libéralisme : nous voulons être les maîtres chez nous. »

Il exposait ensuite que les patriotes italiens, quoique divisés en républicains, royalistes, unitaires et fédéralistes, étaient tous d'accord sur la question d'indépendance et d'union. Sans examiner la légitimité de ces prétentions, il constatait leur existence. Plaçant ensuite la question italienne au premier rang des questions européennes, il terminait en disant que l'Italie s'agiterait sans cesse, et qu'elle serait toujours un foyer de trouble et une occasion de guerre pour l'Europe tant que ses indomptables aspirations de nationalité ne seraient pas satisfaites.

L'année suivante, le 26 mars, répondant à un article du *Siècle* sur *l'aristocratie anglaise et les capacités*, dans lequel il était dit que l'Autriche elle-même entrait dans la voie des réformes, il disait que depuis 1848 la désaffection des races qui composent le disparate faisceau de l'empire ne faisait que s'accroître, et ne permettrait jamais au cabinet de Vienne d'abandonner son système de compression.

Le 20 septembre de la même année, l'idée de M. Manin, mûrie par la réflexion, se dessina d'une manière plus nette encore. A propos d'une brochure ayant pour titre : *Murat et les Bourbons*, il articula cette formule : *Indépendance et unification*, à laquelle il ajouta ces mots : Si l'Italie régénérée doit avoir un roi, ce ne doit être qu'un seul, et ce ne peut être que le roi de Piémont[1]. »

Dans une série de lettres adressées à M. Valerio, député et rédacteur du *Diritto*, à la *Presse*, au *Siècle* et à l'*Estafette*, et dans une déclaration de principes insérée dans le *Times*, M. Manin s'expliqua entièrement. Selon lui, pour bien juger sa conduite, il fallait séparer le penseur de l'homme politique. Penseur, il regardait la république comme la meilleure forme de gouvernement; homme

---

[1] Lettre de Manin au rédacteur du *Siècle*, 20 septembre 1855.

politique, il recherchait les choses possibles
et y subordonnait son action. — Quel exemple pour la démocratie française !

Il montrait ainsi le parti républicain, si
souvent et si amèrement calomnié, se sacri-
fiant à la cause nationale. Mais il avait soin de
faire observer qu'il s'agissait de constituer
l'Italie, et non d'agrandir le Piémont. M. Manin
entre le parti piémontais et le parti mazzinien
se faisait un des principaux interprètes du
grand parti national. [1]

« Aimez-vous mieux la République que l'I-
talie? » disait il aux premiers.

« Aimez-vous mieux une dynastie quel-
conque que l'Italie? » disait-il aux seconds.

Et, au nom de la cause commune, il les en-
gageait à se fondre dans un *tout compact*
(tutto compatto.)

Selon lui ce grand parti national devait

---

[1] Voir, pour étudier les origines et l'histoire de ce
parti les remarquables ouvrages du triumvir toscan
Guiseppe Montanelli : *Memoria sul l'Italia*, et en
français son histoire du *Parti national*, publiée cette
année dans la *Revue de Paris*.

dire à la monarchie de Savoie : Je vous accepte, pourvu que votre monarchie soit unitaire, que vous concourrez loyalement et efficacement à former l'Italie et à la rendre indépendante et une. Sinon, non (se no, no.) En cas contraire, le parti national laisserait de côté le principe monarchique. Et il adjurait le roi de Piémont de prendre résolûment son parti le jour de la bataille, de ne remettre l'épée au fourreau qu'après la constitution de l'Italie, et de ne pas hésiter à perdre le trône de Piémont pour conquérir le trône d'Italie [1].

Sur le mot *unification*, qui n'avait pas encore été introduit dans le langage politique et qui pouvait paraître obscur, M. Manin s'expliquait de la manière suivante :

« Je dis *unification*, et non pas *union* ou *unité*, parce que le mot *unité* paraîtrait exclure la forme fédérative, et le mot *union* paraîtrait exclure la forme unitaire.

« *L'unification* peut être *unitaire* ou *fédérative*. L'unitaire peut être *monarchique* ou

----

républicaine. La *fédérative* ne peut être que *républicaine*. Une confédération monarchique n'est, à vrai dire, qu'une coalition de princes contre leurs peuples. Voyez l'Allemagne [1]. »

Dans la même lettre, où il donnait cette dernière explication, M. Manin faisait appel aux publicistes français, afin qu'en dehors de toute hypothèse de probabilité un écrivain intelligent traitât d'une manière générale, abstraite, élevée, au point de vue des intérêts permanents, politiques et économiques de la France, la question de savoir s'il pourrait être dangereux, nuisible ou simplement désagréable à la France que l'Italie devînt une unité politique.

La question ne fut pas traitée et n'avait pas besoin de l'être.

Il est des principes supérieurs aux intérêts politiques et économiques, je veux parler du principe sacré de la justice; celui-là seul doit suffire; car, si la France a joui dans le monde

[1] La *Presse* du 14 décembre 1855.

d'une renommée sans égale ou du moins sans parcille, c'est qu'à diverses époques de notre histoire elle s'est signalée précisément par une politique supérieure aux intérêts matériels.

.La conclusion de la guerre, les conférences auxquelles donna lieu le traité de Paris, la remarquable attitude du plénipotentiaire sarde, M. le comte de Cavour, ont depuis donné beaucoup d'autorité à la ligne politique suivie par M. Manin.

Les lettres qu'il continue de publier, tantôt dans les journaux italiens, tantôt dans les feuilles anglaises et françaises, sont empreintes de ce même esprit de sagesse, de modération et de sens pratique qui lui ont valu l'attention et le respect de tous les hommes politiques. Dans ces lettres il continue l'exposition des principes du parti national tel qu'il le conçoit, il réfute les objections qu'on lui oppose; et donne même, de temps à autre, à propos des événements courants, des conseils immédiats à ses compatriotes sur la conduite qu'ils doivent tenir.

A ceux qui prétendent qu'en s'asseyant aux

conférences de Paris à côté de l'Autriche pour
régler un traité d'intérêt européen, la monarchie piémontaise s'est mise dans l'impossibi-
lité de remplir la mission qu'attend d'elle le
parti national, qu'elle a par ce fait implicite-
ment consacré la servitude de l'Italie, —
M. Manin répond : Que la monarchie piémontaise n'a fait aucune concession au pape et à
l'Autriche; qu'elle a protesté contre l'occupa-
tion militaire et dénoncé à l'Europe les mauvais gouvernements des souverains italiens;
qu'elle a contraint la diplomatie à reconnaî-
tre ce qu'il y a d'intolérable dans une pareille
situation [1].

A ceux qui lui disent qu'en conseillant au
parti national de se confier à la monarchie
piémontaise il prêche l'inertie, il réplique :
Concourir n'est pas abdiquer, c'est agir ; agir
n'est pas de l'inertie. Et il conclut en les en-
gageant à remuer l'opinion [2].

---

[1] *Parigi, 11 maggio 1856. Diritto, n° 117.*
[2] *Agitatevi, ed agitate,* ardentemente, incessa-
mente, finche non sia raggiunto lo scopo nostro,

Dans sa pensée, cette agitation est une gymnastique salutaire qui entretient les forces morales et intellectuelles des patriotes italiens et rappelle à l'Europe la nécessité d'une solution.

Dans une autre lettre datée du 25 mars, il dit : « Laissons l'assassinat politique aux jésuites. »

Le 28, il dit aux Romains : « Évitez toute occasion de collision avec les soldats français. Aux Napolitais : organisez le refus de l'impôt. Et il invoque la Constitution. A tous il dit : Soyez unis et vous serez forts. N'ayez qu'une devise : *Indépendance et unification. Victor Emmanuel roi d'Italie.* Chaque jour apporte une parole, une réflexion, un conseil. Le *Daily-News* à Londres et le *Diritto* à Turin reçoivent plus particulièrement ces communications, remarquables par leur clarté et leur précision.

Toutes ces lettres, inspirées par le plus pur

---

finche l'Italia non sia diventata *independente ed una.*» Parigi, 20 maggio 1856. *Diritto,* n° 122.

et le plus ardent patriotisme, ne me paraissent cependant pas à l'abri de quelque critique.

Le refus de l'impôt, par exemple, est en principe une chose détestable qui, en passant dans les mœurs d'un peuple, le rendrait impropre à toute espèce de gouvernement. La première épreuve réussie du refus de l'impôt peut créer un déplorable précédent.

Il n'est pas juste non plus, en ce qui concerne le royaume des Deux-Siciles, d'invoquer la constitution, puisque cette constitution n'a pas été consentie par le peuple. Les Napolitains ne se contenteraient pas de si peu.

Les ennemis politiques de M. Manin (qui n'a pas d'ennemis politiques?) lui adressent plusieurs reproches, qu'il est de notre devoir d'historien de consigner ici.

Ils le représentent comme un homme habile dans le courant des petites affaires et imbu de l'esprit municipal. Ce reproche ne nous paraît pas fondé et ne résulte pas, nous l'espérons, des faits que nous venons d'exposer fidèlement.

C'est toujours la même idée qui me paraît

avoir guidé la conduite politique de M. Manin. La question nationale a toujours été le principal mobile de sa conduite. Hostile à la combinaison d'une *Italie du Nord*, le premier il a dit : « La diète italienne décidera. »

Il n'a pu d'abord proposer l'unification au cri de « Vive Pie IX ! » qui était alors le cri de l'Italie. Surpris par l'action avant d'avoir pu discuter, il a dit : Agissons, nous discuterons ensuite. Et il a proclamé la République, parce que cette forme de gouvernement était l'état légal avant la domination étrangère. Il remettait à l'Italie le soin de décider ultérieurement sur les divisions territoriales.

Les partisans d'une monarchie Murat à Naples préfèrent à la combinaison de M. Manin l'émancipation de l'Italie par une série de *solutions constitutionnelles*.

M. Mazzini ne voit d'unité possible que dans la fusion de tous les éléments italiens en une République italienne.

Ce n'est pas à nous qu'il appartient d'intervenir dans des affaires de partis chez un peuple pour qui nous n'éprouvons qu'un universel sentiment de sympathie. Nous regrettons seulement tout désaccord, si léger qu'il puisse être, entre les patriotes italiens, et nous espérons qu'ils sentiront le danger de ces querelles.

D'autres adressent à M. Manin l'éternel reproche d'ambition.

Attaché à M. Manin par une amitié uniquement basée sur l'estime politique, j'ai eu l'occasion d'étudier de près son caractère. Je le crois profondément dédaigneux des questions de personnes. Déjà entouré de tombes, quoique peu avancé dans la vie, il me paraît entièrement indifférent à tout ce qui révèle chez les hommes des pensées individuelles. Tout l'intérêt de son existence est évidemment concentré dans l'idée de l'affranchissement de son pays. Et je suis convaincu qu'il mourrait avec joie le jour où il pourrait enfin saluer l'Italie une et délivrée...

Un jour de cet été, descendant des hauteurs de Marnes et de Ville-d'Avray, j'étais arrivé jusqu'à Saint-Cloud, je rencontrai M. Manin assis sur une pierre sous un vieux chêne du

parc. Il paraissait attristé. Des larmes rou-
laient dans ses yeux. « Quand je quittai Venise, je croyais à peine, me dit il, qu'il y eût
des fleurs en France. » Et il me rappela que le
plus beau des derniers jours de sa chère fille
avait été une promenade au parc de Saint-
Cloud.

Il se demandait, le pauvre père, s'il n'avait
point à se reprocher de ne l'avoir point assez
entourée de cette verdure et de ces fleurs
qu'elle aimait tant.

Il ajouta : « J'ai des heures de doute. Il y
a des moments où je me demande si je ne
me trompe pas dans les conseils que je donne
à mes compatriotes. Je voudrais, si ma fille
me voit là-haut, savoir si elle m'approuve. »
Et comme l'expression de mon visage mani-
festait quelque étonnement à cette pensée
qu'un homme aussi sage et aussi habile en
politique pût en quelque sorte soumettre
l'appréciation de sa conduite au jugement
d'une fille de dix-sept ans, il m'expliqua
qu'entre lui et sa fille régnait une si parfaite
communauté d'idées et de sentiments, qu'elle

lisait dans sa pensée comme dans un livre.

Il eut un mot profondément touchant, un vrai mot de père : « Dès qu'elle eut cinq ans, me dit-il, je m'aperçus que nous nous comprenions. »

En m'éloignant à travers les allées assombries, je me dis : Est-ce que, pour cet illustre et infortuné Italien, la mémoire d'une fille adorée, actuellement mêlée aux blanches étoiles et à toutes ces choses éthérées du firmament, ne serait pas ce que fut Béatrix pour un autre exilé illustre : — la personnification d'une idée supérieure noyée dans un souvenir humain ?

FIN.

___

L'HISTOIRE DE LA SECONDE RÉPUBLIQUE FRANÇAISE (1848-1852), par M. Hip. Castille, se vend chez Martinon, 14, rue de Grenelle-Saint-Honoré. Pour recevoir cet ouvrage, qui forme 4 beaux volumes in-8°, envoyer à l'ordre de M. Martinon un mandat de 20 fr. sur la poste.

___